Gavotte  F. J. Gossec

Berceuse  E. Köhler

Serenade  R. Drigo

Madrigale  A. Simonetti

Valse Sentimentale  P. I. Tchaikovsky

Humoreske  A. Dovořák

Träumerei  R. Schumann

JN252637

聴いて奏でて楽しむ CD 付

# CLARINET
## BEST SELECTION

## クラリネット名曲選 vol.2
改訂新版

ALSO

聴いて奏でて楽しむCD付
# CLARINET
## BEST SELECTION
### クラリネット名曲選 vol.2
改訂新版

| | | |
|---|---|---|
| **Gavotte** ガヴォット | François Joseph Gossec フランソワ・ジョゼフ・ゴセック | 4 |
| **Humoreske** ユーモレスク | Antonín Dvořák アントニン・ドヴォルザーク | 6 |
| **Berceuse** 子守歌 | Ernesto Köhler エルネスト・ケーラー | 9 |
| **Sicilienne** シシリエンヌ | Gabriel Fauré ガブリエル・フォーレ | 14 |
| **Serenade** セレナーデ | Riccardo Drigo リカルド・ドリーゴ | 20 |
| **Träumerei** トロイメライ | Robert Schumann ロベルト・シューマン | 24 |
| **Madrigale** マドリガル | Achille Simonetti アシル・シモネッティ | 26 |
| **Valse Sentimentale** 感傷的なワルツ | Pyotr Il'yich Tchaikovsky ピョートル・イリイチ・チャイコフスキー | 29 |

# 演奏のポイント

大浦 綾子

### Gavotte　ガヴォット

François Joseph Gossec

シンプルで可愛い曲なので、軽いスタッカートが要求されます。奇数小節が重くならないように気をつけてください。17 小節目からはテヌートの 4 分音符をしっかり歌ってください。大きな 2 拍子で感じるとよいでしょう。最後、2nd time の 13 小節目はフェルマータのようになってかまいません。そして次の小節でしっかりテンポをもどしてください。

### Humoreske　ユーモレスク

Antonín Dvořák

この曲はテンポのゆらし方がポイントです。最初をたっぷりにしたら、2、3 小節目は躊躇せず前に持っていきましょう。思っているより大げさにテンポをゆらして演奏してください。最初のフレーズは、3 連符にならないように 16 分音符をしっかり後ろにつめて演奏します。25 小節目からの中間部分は情熱的に。ひとつひとつの音符に魂を込めて演奏してください。33、34 小節目で泣いたら、40 小節目のクライマックスに向かって一気にクレッシェンドしましょう。そして 41 小節目で最初の旋律が戻ってきますが、ここでほっとするように極上のソの音を出したいですね。

### Berceuse　子守歌

Ernesto Köhler

決して単純な子守歌ではなく、いろいろな要素がちりばめられていておもしろい曲です。最初のフレーズはやさしく歌いましょう。そして 32 小節目からフェルマータに向かって急き込んでいきます。フェルマータのあとフレーズが戻ってくるのは 37 小節目で、36 小節目は前のフレーズの続きなので注意してください。45 小節目からは短調になって感じが変わります。テンポも少し上げてかまいません。64 小節目からは、ピアノの旋律に対してのオブリガートがはじまりますが、和音をしっかり感じて演奏しましょう。78 小節目はピアノをよく聴いて合わせてください。最後 96 小節目アウフタクトからはカデンツァのように自由に演奏しましょう。

### Sicilienne　シシリエンヌ

Gabriel Fauré

フォーレの代表作です。8 分の 6 拍子にのって演奏しましょう。16 分音符は少し後ろにつめると感じが出ると思います。フレーズの最初のアウフタクトは毎回たっぷりと時間をかけてください。22 小節目から 4 小節間は停滞しないように大きなフレーズを感じてください。26 小節目のようなところは毎回 1 拍目を深く鳴らして時間をかけましょう。45 小節目からの中間部分は少しテンポを上げてもかまいません。水が流れていくように、4 小節目に向かって進んでいってください。61 小節目から 63 小節目に入る部分はピアノからの受け継ぎをスムーズに、音程にも気をつけたいところです。80、82 小節目はピアノとのアンサンブルに気をつけましょう。

### Serenade　セレナーデ

Riccardo Drigo

イタリアのカンツォーネのような陽気な曲です。歌い方としては、7 小節目のように小節のあたまに 3 連符がくるときに、しっかり重心を置いて演奏してください。39 小節目からは歌手になったつもりでカンタービレで演奏しましょう。そして楽譜上ではリピートで同じことを繰り返すようになっていますが、2 回目はアーティキュレーションや強弱を自由に変えて遊ぶとおもしろいと思います。

### Träumerei　トロイメライ

Robert Schumann

この曲もテンポのゆらし方がポイントです。アウフタクトは常にたっぷり時間をとってください。そして同じフレーズが繰り返されますが、強弱を変えて変化がつくとよいと思います。前半部分は 2 小節の短いフレーズですが、17 小節目からの 8 小節間は 4 小節の長いフレーズで演奏しましょう。何度も出てくるアウフタクトの音型が深い溜息のように演奏できるといいですね。

### Madrigale　マドリガル

Achille Simonetti

スペインの太陽を思わせるようなさわやかな曲です。テンポは遅すぎず、ゆったりとした 2 拍子を感じて演奏してください。8 分音符が並んだところは、機械的にならずに自由に歌ってください。途中に何ヶ所か出てくる装飾音符は大げさにならないように、さらりと入れましょう。同じ旋律の繰り返しなので、フレーズごとに強弱を変えて変化をつけてみてください。最後のドの音のフェルマータは難しいかもしれませんが、きれいに消えていけるといいですね。

### Valse Sentimentale　感傷的なワルツ

Pyotr Il'yich Tchaikovsky

名前のとおり、魂を揺さぶるようなセンチメンタルな旋律が印象的な曲です。いかに音楽に入り込めるかがポイントでしょう。感傷的な中にも情熱を込めて演奏してください。ワルツといっても舞踏ワルツではないので、テンポは自由にゆらしてかまいません。38 小節目アウフタクトからはワルツテンポで、小節のあたまをしっかり感じて演奏しましょう。62 小節目のクライマックスは一気に駆け上がってください。そして曲の最後は、息絶えていくかのように終われるといいですね。

# Gavotte

ガヴォット

François Joseph Gossec

# Humoreske

ユーモレスク

Antonín Dvorák

# Berceuse

子守歌

Ernesto Köhler

# Sicilienne

シシリエンヌ

Gabriel Fauré

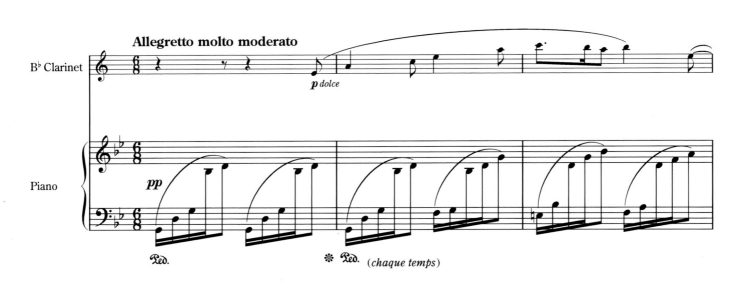
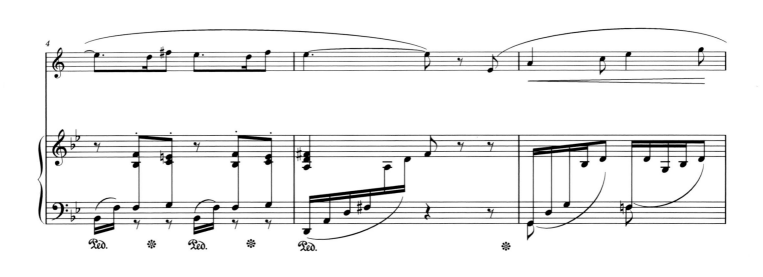

# Serenade

セレナーデ

Riccardo Drigo

# Träumerei

トロイメライ

Robert Schumann

# Madrigale
マドリガル

Achille Simonetti

# Valse Sentimentale

感傷的なワルツ

Pyotr Il'yich Tchaikovsky

# Profile

### 大浦 綾子　クラリネット　　　　　　　　　　　　　　　　Ayako OURA

武蔵野音楽大学卒業、東京芸術大学大学院修了。在学中、第55回日本音楽コンクール入選、第6回日本管打楽器コンクール第2位入賞。1990年フランスに留学。1992年パリ12区コンセルヴァトワールを満場一致の一等賞を得て卒業。帰国後、第63回日本音楽コンクール入選、第9回日本管打楽器コンクール第3位入賞。2001年東京佼成ウインドオーケストラに入団。2010年ソロアルバム「Grand Duo Concertant」をマイスター・ミュージックからリリース。現在、東京佼成ウインドオーケストラクラリネット奏者、洗足学園音楽大学非常勤講師、木管五重奏団「アミューズ・クインテット」メンバー。

### 出羽 真理　ピアノ　　　　　　　　　　　　　　　　　　Mari IZUHA

東京芸術大学卒業。在学中よりNHK「ピアノのおけいこ」に助手として出演する。88年「外務省後援日中平和友好条約記念演奏会」に独奏者として北京・大連に招かれる。98・99・01・04・05年には、カワイ音楽振興会シンポジウム(ピアノ教師対象)の特別演奏会に招かれる。99年フランスでの音楽祭「MUSIQUE EN GRESIVAUDAN」に初めての日本人として招かれる。01年にはパスカル・モラゲスとパリにてレコーディングを行う。ミシェル・アリニョン、パスカル・モラゲス、ギイ・デュプリュ、アラン・ダミアンを始めとするクラリネット奏者以外にも、モラゲス木管五重奏団、N響・東フィル・新日フィル等のメンバーと内外にて数多く共演する。

# 気軽に吹ける！クラリネットアンサンブル曲集
## Emsemble Scores Selected for Clarinets

クラリネット専門誌「ザ・クラリネット」が厳選したアンサンブル曲集

### vol.1, vol.2, vol.3

クラリネット専門誌「THE CLARINET」が厳選したアンサンブル曲集です。
また、楽譜の他にクラリネットアンサンブル講座も掲載されており、
初心者にも気軽にお楽しみいただけます。

### vol.1
定価：2,400円＋税
編成：2B♭ Clarinets　B♭ & Bass Clarinets
　　　3B♭ Clarinets　4B♭ Clarinets　5B♭&Alt & Bass Clarinets
仕様：A4判
ISBN 9784873122212

なつかしきケンタッキーの我が家／愛の悲しみ／茶色の小瓶／ふるさと／乾杯の歌　歌劇「椿姫」より／グラナダ／クラリネットポルカ／シンコペーテッド・クロック／シャル・ウィ・ダンス？／宝島

### vol.2
定価：2,400円＋税
編成：2B♭ Clarinets　4B♭ Clarinets
　　　3B♭ & Bass Clarinets
仕様：A4判
ISBN 9784873122229

モーツァルトの子守歌／クラリネットをこわしちゃった／春の童謡メドレー／セプテンバー／花のワルツ　バレエ組曲「くるみ割り人形」より／スペイン／レッツ・ダンス／ちいさい秋みつけた／月の光　「ベルガマスク組曲」より／X'mas パレード

### vol.3
定価：2,400円＋税
編成：2B♭ Clarinets　3B♭ Clarinets
　　　4B♭ Clarinets　3B♭ & Bass Clarinets
仕様：A4判
ISBN 9784873123318

ラデツキー行進曲／The Waltzing Cat／主よ人の望みの喜びよ／White Christmas／「僕らの音楽」オープニング・テーマ／見上げてごらん夜の星を／夏色メドレー／ガヴォットとロンド（「無伴奏パルティータ 第3番 ホ長調」より）／シチリアーナ（「リュートのための古代舞曲とアリア 第3集」より）／「皇帝」第2楽章（弦楽四重奏曲 第77番 ハ長調）

**ALSO**　お求めはお近くの楽器店、またはアルソオンラインへ
アルソオンライン通信販売部　TEL：03-6908-1121　http://www.alsoj.net/

聴いて奏でて楽しむ CD 付
## クラリネット名曲選 vol.2 ［改訂新版］

発 行 日：2015 年 11 月 30 日　初版

発　　　行：アルソ出版株式会社
　　　　　　〒 161-0033　東京都新宿区下落合 3-16-10-3F
　　　　　　Tel：03-5982-5420　Fax：03-5982-5458

監修・演奏：大浦綾子、出羽真理

デザイン・DTP：株式会社 MCS

楽譜浄書：株式会社ミュージックバンクシステム

無断転載、複製、複写厳禁　Printed in Japan　　乱丁、落丁はお取りかえいたします。
Printed in Japan © Copyright 2015 by ALSO Publishing Co., Ltd.
ISBN978-4-87312-356-1 C0073 ¥2250E

聴いて奏でて楽しむ CD 付

# CLARINET
## BEST SELECTION

## クラリネット名曲選 vol.2
| 改訂新版 |

── パート譜 ──

| | | |
|---|---|---|
| **Gavotte**<br>ガヴォット | François Joseph Gossec<br>フランソワ・ジョゼフ・ゴセック | 2 |
| **Humoreske**<br>ユーモレスク | Antonín Dvořák<br>アントン・ドヴォルザーク | 4 |
| **Berceuse**<br>子守歌 | Ernesto Köhler<br>エルネスト・ケーラー | 6 |
| **Sicilienne**<br>シシリエンヌ | Gabriel Fauré<br>ガブリエル・フォーレ | 8 |
| **Serenade**<br>セレナーデ | Riccardo Drigo<br>リカルド・ドリーゴ | 3 |
| **Träumerei**<br>トロイメライ | Robert Schumann<br>ロベルト・シューマン | 10 |
| **Madrigale**<br>マドリガル | Achille Simonetti<br>アシル・シモネッティ | 11 |
| **Valse Sentimentale**<br>感傷的なワルツ | Pyotr Il'yich Tchaikovsky<br>ピョートル・イリイチ・チャイコフスキー | 12 |

※ パート譜は、譜めくりの関係上、スコア譜と掲載順が異なります

# Gavotte

ガヴォット

François Joseph Gossec

# Serenade

セレナーデ

Riccardo Drigo

# Humoreske
ユーモレスク

Antonín Dvořák

# Berceuse
子守歌

Ernesto Köhler

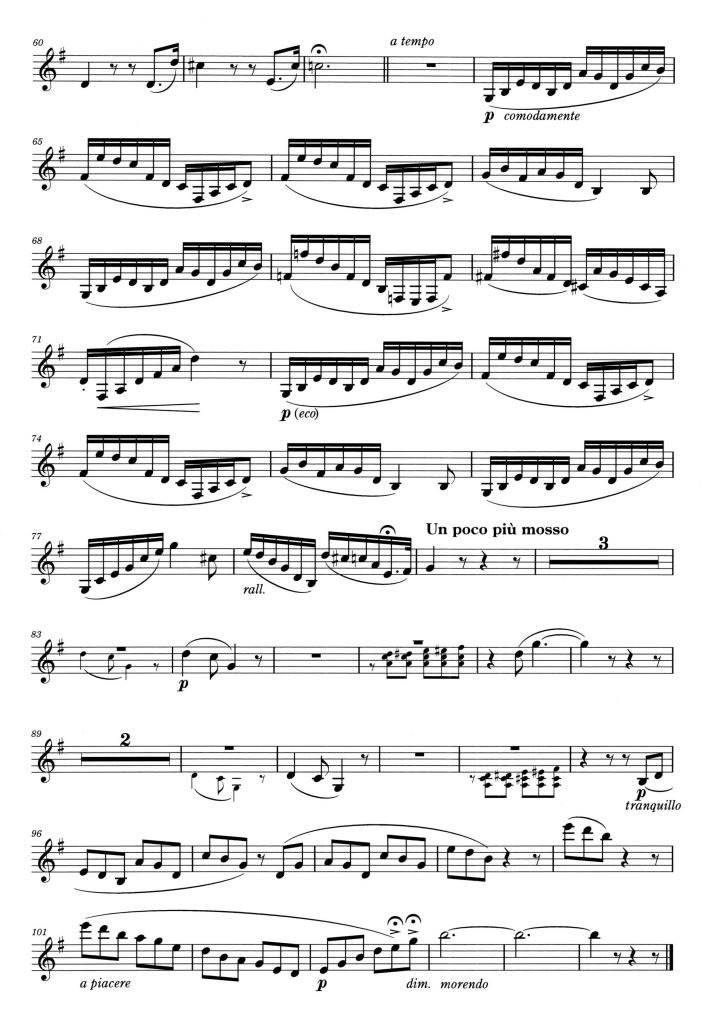

# Sicilienne

シシリエンヌ

Gabriel Fauré

# Träumerei

トロイメライ

Robert Schumann

# Madrigale

マドリガル

Achille Simonetti

# Valse Sentimentale

感傷的なワルツ

Pyotr Il'yich Tchaikovsky